Toon Kramer

Beroepen

Met illustraties van Elly Hees

UITGEVERIJ PLOEGSMA AMSTERDAM

Kijk ook op www.ploegsma.nl

ISBN 90 216 1888 5

Eerste druk 2005
© Tekst: Toon Kramer 1993, 2005
© Illustraties: Elly Hees 2005
Vormgeving omslag: Petra Gerritsen
Vormgeving binnenwerk: Studio Cursief
© Copyright van deze uitgave: Uitgeverij Ploegsma bv,
Amsterdam 2005

Dit boek was eerder onderdeel van *Het beroepenboek
voor kinderen* van Toon Kramer.

Inhoud

Acteur/actrice

Je bent beroemd, je foto staat in alle tijdschriften en je moet de hele dag handtekeningen uitdelen. De mensen op straat zeggen: 'Dat is ze nou!' Je weet natuurlijk best dat niet elke acteur succesvol is en beroemd wordt, maar toch wil je graag filmster of BN-er worden.

Je kunt natuurlijk 'ontdekt' worden, maar de kans is groter dat je gewoon een toneelopleiding moet volgen. En als die achter de rug is, krijg je misschien je eerste rol.

's Ochtends kom je in de studio of op locatie, dat is de plek waar gefilmd wordt. Je gaat zitten wachten tot je aan de beurt bent voor make-up en kleding. Intussen lees je je tekst nog eens door en je ziet hoeveel mensen er al druk bezig zijn. Cameramensen, belichters, geluidstechnici, decorbouwers, mensen die broodjes smeren...

Als er in een studio wordt gefilmd, kijk je verbaasd naar het decor: rare halve kamers en zalen waarvan alleen de kant die in beeld komt er echt uitziet. Kartonnen en blikken dingen die er in beeld uitzien als van hout of van zilver...

Als dan eindelijk de opnamen beginnen, kan het gebeuren dat een acteur of actrice zich wel twintig keer vergist. Of er komt een verkeerd geluid tussendoor, of er valt iets om terwijl de opname bezig is. Dan begint alles gewoon opnieuw, net zo lang tot het goed is.

Je ontdekt wat een raar vak het eigenlijk is: vier of vijf mensen staan te spelen terwijl er zo'n twintig omheen lopen. Een stuk waaraan een paar dagen is gewerkt, wordt in een half uur uitgezonden. Als het uitgevoerd wordt in het theater, zorg je ervoor dat het publiek een prettige avond heeft, of misschien dat het over nieuwe dingen gaat nadenken. En als het een film is die in de bioscoop komt, of een stuk voor de televisie, dan kijken er soms wel honderdduizend mensen naar. Dat is meer dan er in een groot stadion kunnen. Mensen die je kunt laten lachen en laten huilen. Je kunt ze boeien met iets waar je een tijd geleden met maar een paar mensen aan hebt gewerkt.

Om te acteren moet je aanleg hebben, maar er zijn ook veel dingen te leren. Het meeste leer je door heel veel mee te doen met toneelstukken. Bovendien zijn er verschillende toneelscholen in ons land, waar je vakken krijgt die met het toneelspelen en het produceren van een toneelstuk te maken hebben.

Advocaat

Een advocaat is toch iemand die voor de rechter misdadigers helpt zodat ze minder straf krijgen of vrijkomen uit de gevangenis? Dat klopt, er zijn advocaten die dat doen. Maar dat is lang niet alles. Advocaten doen nog heel veel meer.

Er zijn veel wetten waarin staat wat je wel en niet mág doen en wat je móet doen. Niet stelen, niemand doodmaken, niets vernielen, wel je licht aan als je in het donker fietst en ga maar door. Je kunt het zo gek niet bedenken of er is een wet over.

Een gewoon mens kan niet alle wetten uit zijn hoofd weten en daarom zijn er advocaten. Niet alleen om misdadigers te helpen, maar voor iedereen die zich aan de wetten wil houden. En om iedereen te helpen die vindt dat andere mensen zich niet aan die wetten houden. Een advocaat kent ook niet alle wetten uit zijn hoofd, maar weet wel precies waar hij ze in het wetboek kan opzoeken. Je vader koopt bijvoorbeeld een tweedehands auto die na een week kapot is. 'Eigen schuld – niets aan te doen,' zegt de man van de garage. Je vader wordt boos en wil zijn geld terug. Hij gaat naar een advocaat. Die bekijkt of er in de wet een regeling is die zegt dat je vader zijn geld kan terugkrijgen.

Advocaten die misdadigers helpen weten alles over 'strafrecht'. En advocaten die alles weten van wat er allemaal kan gebeuren en misgaan tussen gewone mensen zijn goed in 'civiel recht'. Dat betekent: recht dat zaken tussen burgers regelt. Advocaten hoeven niet alleen ruzies op te lossen. Als iemand bijvoorbeeld een fabriek wil kopen, moeten er goede afspraken op papier worden gezet. Dat doet een advocaat. Of wanneer een voetballer voor miljoenen guldens aan een buitenlandse club wordt verkocht, is er een advocaat die hem helpt de zaken te regelen. Er zijn veel meer advocaten die dat soort dingen doen, dan advocaten die boeven helpen.

Als je advocaat wilt worden, ga je Rechten studeren aan een universiteit, want je moet goed op de hoogte zijn van alle mogelijke wetten. Maar wat misschien nog belangrijker is: je moet goed naar mensen kunnen luisteren en begrijpen waarover ze zich zorgen maken of waarvoor ze bang zijn. Want een goede advocaat is er om mensen te helpen en ervoor te zorgen dat dingen eerlijk worden geregeld.

Automonteur

Een motor die het niet doet weer aan de praat krijgen. Mensen helpen die met kapotte auto's, motoren of bromfietsen zitten. Dat lijkt je wel een fijn vak en je keus valt op het beroep van automonteur.

Als je daarvoor kiest, krijg je natuurlijk niet alleen kapotte dingen te repareren. Behalve reparatie is er ook onderhoud: zorgen dat iets dat nog niet kapot is, ook heel blijft. Het spreekt vanzelf dat een automonteur goed met allerlei gereedschap kan omgaan. En als je sterke handen hebt, is dat ook erg nuttig.

Toch heb je aan handigheid en kracht alleen niet genoeg. Je moet ook je hersens gebruiken en precies weten hoe een motor in elkaar zit, hoe de bedrading van een auto loopt, voor het geval dat er een lampje uitvalt. Een monteur is een soort dokter die weet dat de auto die ziekte heeft als hij dáár begint te piepen. Als monteur ben je handig en slim, en natuurlijk niet slordig. Als je een nieuw wiel aan een auto zet moet je alle bouten héél goed vastdraaien. Want een klein onderdeeltje dat je vergeet als je een motor na een reparatie weer in elkaar zet, kan op de weg levensgevaarlijk worden! Een monteur heeft verstand van elektronica, een auto bestaat immers voor een groot deel uit draadjes die onderdeel

zijn van een elektronisch systeem. Kijk maar eens naar een advertentie voor nieuwe auto's, daarin wordt verteld wat voor technische snufjes er allemaal in een auto zitten... Als monteur moet je weten hoe alles werkt, anders kun je het niet repareren.

Als je monteurs aan het werk ziet, valt het op dat ze zo vaak gebogen staan onder de motorkap. Zware dingen hoef je niet te tillen, daar zijn apparaten voor, maar een stevige rug mag je best hebben. En het spreekt vanzelf dat je tegen motorlawaai en de lucht van olie en benzine moet kunnen. En als je dan ook nog iets heel duidelijk kunt uitleggen aan een klant die helemaal niet technisch is, dan ben je de volmaakte 'autodokter'.

Brandweerman/-vrouw

Een vuurtje stoken is leuk en vooraan staan bij een grote brand is helemaal spannend. Vuur is boeiend, zolang je eigen spullen niet verbranden of zolang er geen mensen of dieren bij verongelukken. En om dat te voorkomen hebben we de brandweer.

Alleen de grote steden hebben een beroepsbrandweer en de kleinere plaatsen hebben een vrijwillige brandweer. Niet dat er in kleinere plaatsen nooit brand is, maar de brandweermannen zijn daar vrijwilligers. Dat wil zeggen dat ze een gewone baan ernaast hebben en dat ze voor brandweerwerk geen vast salaris krijgen.

Vroeger gebruikten ze handpompjes en stoompompen. Maar tegenwoordig rukt de brandweer uit met hogedrukspuiten, waterkanonnen, autoladders, hoogwerkers en lichtaggregaten als er 's nachts geen stroom is voor de schijnwerpers. De mannen dragen hittewerende pakken en helmen en persluchtmaskers tegen rook en giftige dampen.

Bij de brandweer zitten ook duikers! Dat is niet zo gek als je weet dat er vaker wordt uitgerukt voor ongelukken dan voor brand. Als bijvoorbeeld een auto het water in rijdt komt de brandweer met een takelwagen en duikers in rubberpakken en met zuurstofflessen op de rug. Bij grote verkeersongelukken moet de brandweerman of -vrouw niet alleen blussen maar ook mensen uit auto's zagen als ze bekneld zitten. En voor een poes die op het dak zit en er niet af durft, kun je ook de brandweer bellen. Bij de beroepsbrandweer heeft ieder een eigen vakgebied: zo hebben ze een timmerman of een loodgieter in de groep. Bij brand moet er namelijk iemand zijn die kan zien of het gebouw op instorten staat, of hoe de gasleidingen lopen...

Een brandweerman of -vrouw moet niet bang zijn en mag geen hoogtevrees hebben. Maar als je een sterke maag hebt, als je handig bent en als je houdt van snel hulp bieden, dan is de brandweer net iets voor jou.

Dierenverzorger

Als je het leuk vindt om met dieren om te gaan kun je, behalve dierenarts, ook dierenverzorger worden. Je kunt dan in een dierenpark terecht als oppasser. Bijvoorbeeld in Artis in Amsterdam, in Blijdorp in Rotterdam, in het Noorderdierenpark in Emmen, in dierenparken in Amersfoort, Rhenen of Wassenaar of in safariparken in Arnhem en Hilvarenbeek. Ook kun je in een dierenasiel gaan werken of op een kinderboerderij.

Een dierenverzorger doet veel meer dan af en toe de dieren aaien en eten geven. Hij houdt hun vacht of veren schoon, hij verzorgt hun nagels en hoeven. Ook moeten de verblijven van de dieren heel goed schoon gehouden worden en ze moeten op tijd het juiste eten krijgen.

Dat voederen is een heel werk. Niet te veel, dan worden ze lui en vadsig, niet te weinig, want dan worden ze zwak en ziek. In een dierentuin heb je dieren die reusachtige hoeveelheden aankunnen. Een nijlpaard bijvoorbeeld moet per dag dertig kilo groente hebben. En een ijsbeer eet per dag vijf kilo vlees, vijf kilo vis en nog eens drie kilo vet! En veel vogels krijgen zaden, noten, vruchten en aardappelen. Roofvogels krijgen ratten en muizen. Het verdelen en snijden van al dat eten is een geweldige klus.

Een goede verzorger let ook op het gedrag van zijn dieren. Zijn ze wel tevreden? Wie van de groep is de baas? Kunnen ze goed met elkaar overweg of moeten ze uit elkaar gehaald worden? Dat zie je allemaal pas als je een hele tijd met dieren omgaat. En dan is er nog het fokken. Bijna alle dierenparken in de wereld fokken zelf dieren omdat het kopen aan heel strenge regels is gebonden en duur is. En als er te veel dieren van dezelfde soort worden gefokt dan wordt er geruild met andere tuinen. Blijdorp in Rotterdam bijvoorbeeld is goed in het fokken van tijgers en er zijn best tuinen die tijgers met Blijdorp willen ruilen, voor beren bijvoorbeeld.

Een goede dierenverzorger doet dus heel wat meer dan de geiten aaien en de eendjes brood geven!

Directeur

Je wilt dus directeur worden. Je hebt een mooie auto, een secretaresse, een groot bureau en je bent de baas over een heel stel mensen. Goed. Maar waarvan wil je directeur worden? Want met dat beroep is iets vreemds aan de hand: het bestaat eigenlijk niet. Word je directeur van een uitgeverij, dan ben je uitgever, van een grote slagerij, dan ben je slager, enzovoort. Wat is directeur dan wel?

Het is het hoogste treetje op de ladder van een bedrijf. Er zijn dus evenveel soorten directeuren als er bedrijven zijn. Een directeur bij de KLM of bij Philips doet ander werk dan de directeur van tuinderij De Pinksterblom. Dat wil niet zeggen leuker of minder moeilijk, maar wel: anders.

Alle soorten directeuren hebben verantwoordelijkheid. Een directeur moet ervoor zorgen dat de boel goed blijft draaien en dat de mensen die onder hem werken het goed doen. Als dat zo is, groeit het bedrijf en houden de mensen van hun werk. Bij een klein bedrijf moet een directeur ook veel zelf doen. Hij moet alles weten van het eigenlijke vak. Een directeur bij Philips hoeft niet te weten hoe een cd-speler precies in elkaar zit. Maar de directeur van een klein schildersbedrijf moet wel verstand hebben van verf en kwasten.

Bij een klein bedrijf moet de directeur kunnen inkopen en verkopen, hij moet met mensen kunnen omgaan, hij moet de boekhouding kunnen overzien, hij moet nieuwe plannen bedenken, enzovoort. Je kunt zeggen dat zo'n directeur eigenlijk niet één, maar een heel stel beroepen heeft.

Als je ondernemend bent, als je verantwoordelijkheid aankunt en als je leuke ideeën hebt, dan zit er misschien wel een goede directeur in je. En die droomauto komt dan vanzelf wel.

Fotomodel

In mooie kleren en goed opgemaakt in modebladen staan en op modeshows worden bewonderd. Grote reizen maken en veel geld verdienen...

Het werk van fotomodel lijkt prachtig maar het is gewoon een zwaar vak. (Een jongen die als model werkt, wordt dressman genoemd, maar daarvoor geldt natuurlijk precies hetzelfde.) We gaan ervan uit dat je het juiste gezicht en het juiste figuur hebt en dat je staat ingeschreven bij een modellenbureau. Zo'n bureau heeft een boek met foto's waar ook jouw foto's inzitten en waaruit de klanten kunnen kiezen. Het bureau bemiddelt tussen jou en de klant, maar als dat is gebeurd moet je de rest zelf doen.

De fotograaf vertelt het model wat er precies wordt gevraagd, je kleren en make-up en de belichting worden in orde gebracht en het werk begint. Een model komt precies op tijd want de be-taling gaat per uur en een goed model is niet goedkoop. Vaak worden reportages gemaakt in het buitenland. Het is dus handig als je je talen spreekt.

Een model ziet er natuurlijk altijd fris en uitgeslapen uit. Ze eet of snoept niet te veel want ze moet op haar figuur letten en veel of lang feesten is er dan ook niet bij. Een hoop gedoe, zul je denken, maar er staat ook veel tegenover. Het is goed mogelijk om veel geld te verdienen. En het werk is nooit saai. Je werkt overal en je ontmoet voortdurend nieuwe mensen.

Een ander voordeel is dat je jong kunt beginnen én dat je na je loopbaan als model nog aan iets anders kunt beginnen. Want een model wordt zo rond haar dertigste verjaardag al te oud voor het vak, terwijl ze eigenlijk nog jong en fris is! En met het geld dat je hebt gespaard, begin je iets heel nieuws!

21

ICT-er

Computeren vind je het leukste wat er is. Je doet spelletjes, je laat op het scherm de gekste dingen gebeuren en je kunt alles opzoeken wat je maar wilt. Wie van werken met een computer zijn beroep wil maken, zal merken dat er nog heel wat meer mogelijkheden zijn.

Je komt terecht in de ICT. Dat is de afkorting van Informatie- en Computertechnologie. Bedrijven gaan almaar verder met het gebruik van computers. Voor het maken van producten in een fabriek, zoals het in elkaar zetten van auto's, tot het vullen van pakken melk. Voor de administratie: waar koop je je materiaal, hoeveel is er nog in voorraad, wie zijn mijn klanten, waar wonen ze, krijg ik nog geld van ze, moet ik mijn leveranciers nog betalen, wie moeten het allemaal weten als ik iets nieuws maak of een product verbeter?

Voor dat alles zijn stapels papier, opschrijfboekjes of kalenders niet meer nodig. Voldoende is een computer en een goede ICT-er die de computer inricht al naar gelang de behoeften, en die iedereen leert hoe je alle gegevens eruit kunt halen.

Niet alleen in de handel en in de industrie is er werk voor de ICT-er. Ook in de wetenschap, bijvoorbeeld de medische wereld, biedt de computer op veel terreinen enorme hulp. En om nog maar eens wat te noemen: bij kunstgeschiedenis worden computers gebruikt voor onderzoek van oude schilderijen. In de auto-industrie worden met computers de effecten van botsingen berekend zodat auto's veiliger kunnen worden gemaakt. In de ruimtevaart rekenen computers tot op de centimeter de baan uit van een sonde naar Mars, en een verkeersvliegtuig zonder computer aan boord is niet meer denkbaar.

ICT – nog steeds een vak met toekomst!

Illustrator/kunstschilder

Wat is een boek zonder plaatjes? Saai. Zelf een boek schrijven is moeilijk, maar de plaatjes tekenen lijkt je leuk. Illustrator wil je dan worden, want zo heet iemand die een boek met plaatjes versiert. Een illustrator doet hetzelfde werk als een (kunst)schilder, maar het verschil is dat een illustrator ergens de tekeningen bij maakt (een boek of een artikel in een tijdschrift), en dat een kunstschilder 'vrij werk' maakt.

Heel veel kinderen kunnen goed tekenen. De meesten doen het niet meer als ze groter worden. Als je veel tekent en er echt je beroep van wilt maken, kun je het best je ouders of een leraar om raad vragen. Of misschien ken je wel iemand die voor zijn beroep tekent of schildert. Misschien kun je gewoon aardig tekenen, het kan zelfs zijn dat je echt veel aanleg hebt. Daar kom je achter als je ermee wilt doorgaan en als je naar een kunstacademie wilt. Je moet dan precies vertellen waarom je eigenlijk verder wilt gaan met tekenen. Daar kun je nu al over nadenken.

Als je een boek schrijft moet je wat te vertellen hebben. Als je wilt schilderen of tekenen is dat ook zo.

Behalve schilderijen maken en boeken illustreren kun je ook kleren of decors gaan tekenen voor toneelstukken, voor de televisie, of voor reclame. Er valt genoeg te tekenen! En misschien denk je: Ik word een schilder die de hele dag lekker in zijn atelier zit en het ene prachtige schilderij na het andere maakt. Ik word wereldberoemd. Dat is een mooie gedachte. Je moet wel bedenken dat je je werk ook moet verkopen, want je moet ervan leven. O ja, nog een tip: ga alvast eens dingen tekenen waarvan je denkt dat je ze absoluut niet kúnt tekenen. Leuk om te zien wat er dan gebeurt.

Journalist

Vooraan staan bij grote branden en praten met beroemde mensen zoals popsterren. En er dan over schrijven in een blad dat iedereen leest of een programma op radio of tv. Daarvoor moet je journalist worden.

Grote branden zijn er niet elke dag en beroemde popsterren komen ook niet zo vaak in ons land. Pak maar eens een krant en je zult zien dat er veel meer gewone dan bijzondere dingen gebeuren. Het gaat over lonen en prijzen, over werkloosheid, over junks, over honger in Afrika, over wat er allemaal in de Tweede Kamer in Den Haag wordt gezegd. De meeste journalisten hebben hun eigen onderwerp. Mode, popmuziek, koken, sport, maar ook economie, politiek of kunst en cultuur.

Laten we zeggen dat je sport hebt, dan moet je daar ook heel goed van op de hoogte zijn. Hoe is dat wereldrecord en wie heeft dat, en wie kan dat verbeteren? En met de andere journalisten die weer iets andere onderwerpen hebben, vorm je de redactie, die ervoor zorgt dat de krant, het blad of het programma vol komen. Je blijft op de hoogte van alles wat met je onderwerp te maken heeft. Je leest erover en praat met mensen die er veel van weten.

Een journalist staat altijd klaar om te werken, vooral als hij verslaggever is. Er kan altijd ergens iets gebeuren, dag en nacht, door de week en op zondag. En dat onverwachte maakt het vak juist leuk. Als een journalist zijn artikel of item af heeft, bekijkt de redactie van het blad of het programma of het precies zo wordt opgenomen, of dat het ingekort of juist uitgebreid moet worden. Een speciaal soort verslaggever is de correspondent: dat is iemand die (tijdelijk) in een ander land woont. Daardoor is hij goed op de hoogte van de plaatselijke situatie en kan hij goede reportages maken of bijvoorbeeld snel controleren of een gerucht waar is of niet.

Als je mensen iets duidelijk wilt maken moet je goed en helder Nederlands kunnen schrijven en spreken, anders begrijpt de helft van de mensen niet waarover het gaat. Maar als je

de krant in handen krijgt waar je eigen
verslagen en stukjes in staan afgedrukt
of je krijgt reacties op jouw radio- of
tv-item, dan vind je dat je het mooiste
vak van de wereld hebt.

Kapper

Als je foto's bekijkt uit de tijd van je opa en oma moet je eens letten op de haren van de mensen. Jongens en mannen hebben bijna altijd kort haar met een scheiding opzij als ze geen krullen hebben. Meisjes hebben lang haar met vlechten of strikken en dames hebben zo'n golvend permanent. Dan heb je het wel ongeveer gehad. Al dat eentonige knip- en krulwerk werd gedaan door de kapper. De herenkapper had ook nog veel klanten die zich lieten scheren met een ouderwets scheermes. Wat een saai vak moet dat geweest zijn.

Tegenwoordig is er meer verschil tussen mensen. Alles mag: lang haar, kort haar, een vlechtje in je nek, punkhaar, haar in pieken-met-gel, kraaltjes in je haar, geverfd haar, opgeschoren of helemaal géén haar. De saaie kapper van vroeger is een haar-artiest geworden. Iedereen kan zijn eigen kapsel kiezen en vooral bij jonge mensen kan dat erg vaak veranderen. Dat komt onder andere door films, videoclips, en popgroepen. Een goede kapper houdt dat bij. Hij moet vakbladen lezen, goed kijken wie er op de tv komt en hoe die eruitziet. Als een meisje zegt dat ze net zo'n kapsel wil als Jennifer Lopez of een jongen dat hij eruit wil zien als Robbie Williams, dan moet de kapper weten hoe dat is. Aan de haren kun je vaak zien van wat voor muziek iemand houdt, op welke school hij zit of bij welke groep hij hoort. Een goede kapper begrijpt en weet dat allemaal.

Vroeger was een kapper een figuur met een witte jas die haar weghaalde dat te lang was geworden. Er werd voor de grap wel eens gezegd dat een kapper een bloempot op je hoofd zette en wegknipte wat eronderuit kwam. Tegenwoordig is de kapper een vakman die met de mode meegaat. Een dameskapper moet bovendien verstand hebben van cosmetica en van huidverzorging.

Kapper of kapster is een leuk en veelzijdig beroep geworden waarin je je helemaal kunt uitleven. En als je goed bent, ontwerp je misschien eens een heel nieuwe haarmode die dan naar jou wordt genoemd!

Kok

Je bent graag in de keuken om te zien hoe het eten nou eigenlijk wordt klaargemaakt. Je vindt het ook leuk om zelf lekkere dingen te verzinnen en je denkt: 'Misschien word ik later wel kok...'

Je weet natuurlijk best dat een kok niet voortdurend in allerlei pannen staat te roeren en staat te proeven. Maar wat hij nou precies doet... Een kok heeft een zwaar beroep. Hij staat en loopt de hele dag en hij moet zware volle pannen tillen. Als hij in een hete keuken boven het vuur een dikke saus moet doorroeren heeft hij na tien minuten een stijve arm. Ook moet een kok meestal 's avonds werken en op feestdagen wanneer andere mensen gezellig thuis zitten.

Een kok moet zijn hoofd er goed bijhouden. Hij moet bijvoorbeeld weten of er van alles nog genoeg in voorraad is, want stel je voor dat het zout of de room of het vlees opeens op is! Ook moet hij weten wat vandaag te duur is maar overmorgen niet meer, wat niet te koop is of wat er over een week volop zal zijn. Hij moet gokken wat de mensen zullen bestellen of wat niemand zal vragen. Het is belangrijk dat hij geen paniekhaas is. Veel mensen bespreken vooruit een tafel, maar er komen er ook wel eens zo maar dertig binnenlopen. Dan moet de kok kalm blijven, anders wordt het een zooitje. En goed kunnen rekenen kan ook geen kwaad. De meeste kookboeken geven recepten voor vier personen en als je dan zo'n recept voor 123 mensen moet maken...

Maar waar het om gaat, is het koken. En dat vindt een goede kok zó leuk en spannend dat hij de rest er graag voor over heeft. Hij moet natuurlijk de vaste recepten waaraan je niks mag veranderen goed kennen. Maar hij mag ook van alles zelf verzinnen en gaan uitproberen. En als dan de gasten na afloop zeggen dat ze erg lekker hebben gegeten, is een kok tevreden en vindt hij zijn vak toch maar heel erg mooi.

Piloot/gezagvoerder

Zouden er wel jongens zijn die geen piloot wilden worden toen ze klein waren? De meesten zijn van gedachten veranderd, maar er blijven er genoeg over die besloten hebben 'verkeersvlieger' te worden. En tegenwoordig ook steeds meer meisjes. Als jij dat ook graag wilt moet je twee dingen in de gaten houden. De opleiding is zwaar, en – wat erger is – er zijn niet zoveel verkeersvliegers nodig. In ons land zijn verschillende luchtvaartscholen waaronder de KLM-luchtvaartschool in Eelde en de Nationale Luchtvaartschool in het Limburgse Beek, waar je voor méér kunt worden opgeleid dan verkeersvlieger.

Die opleidingen zijn praktisch én theoretisch. Praktisch wil zeggen dat je oefent in de 'sim', de vluchtsimulator en dat je met allerlei toestellen zelf de lucht in moet. Daarnaast krijg je de theoretische opleiding: weerkunde, navigatie met allerlei elektronische instrumenten, verkeersregels, luchtvaartvoorschriften en heel veel Engels, omdat dat in de lucht de voertaal is.

Navigatie is heel belangrijk. Hoewel in de burgerluchtvaart het meeste met computers geregeld wordt, moet je ook precies weten hoe alle apparatuur werkt, bijvoorbeeld wanneer er een motor uitvalt of als er een moeilijke landing in het vooruitzicht is. In de militaire luchtvaart moet de piloot zelf meer beslissingen nemen, bijvoorbeeld over de hoogte en de snelheid van zijn 'kist'.

Als er geen verkeersvliegers nodig zijn en je wilt toch de lucht in, dan hoef je niet te treuren. Want in Beek kun je ook worden opgeleid voor de kleine luchtvaart. Het gaat dan om reclamevliegtuigjes, vliegtuigen voor het maken van luchtfoto's, sproeivliegtuigen, en om luchttaxibedrijven en helikopters. En dan kun je natuurlijk ook nog straaljager- of helikopterpiloot worden bij de luchtmacht, maar dan volg je eerst een militaire opleiding.

Zo zie je, als je wilt vliegen zijn er mogelijkheden genoeg, ook al word je dan misschien niet meteen gezagvoerder op zo'n enorm toestel.

Politie-agent

Spanning en sensatie, wilde achtervolgingen over daken en hoge muren, achter de boeven aan. Die worden op den duur altijd gepakt, net als op de televisie. Elke misdaad is binnen een half uur opgelost.

De werkelijkheid is anders... Wilde achtervolgingen komen weinig voor en het oplossen van een misdaad kan weken of maanden duren. Spanning is er wel altijd: je weet bij de politie 's ochtends niet wat je 's middags zal meemaken. Het gaat natuurlijk niet alleen om ingetrapte ruiten, fietsen zonder licht of om een bromfietser die nog geen zestien is. De politie krijgt ook te maken met dingen als moord, inbraak en brandstichting. Of met oplichting, waardoor van mensen veel geld wordt afgepakt, of met het smokkelen van drugs.

Je kunt zeggen dat de politie te maken krijgt met alles wat niet mag, in het klein en in het heel groot. Daarom zijn er veel afdelingen met heel verschillend werk. Om er maar eens een paar te noemen: de Verkeerspolitie (agenten in snelle auto's en op motoren), de Waterpolitie, de Luchtvaartpolitie, de Recherche. Bovendien heb je de bereden politie, de politie te paard. Je kunt het zo gek niet bedenken of bij de politie zitten mensen die er verstand van hebben. Na een dag werken kan een politieman zeggen: 'Ik heb een gestolen brommer teruggevonden,' of: 'Ik heb vingerafdrukken genomen in een huis waar was inge-broken,' of: 'Ik heb een hele stapel pro-cessen-verbaal gemaakt.' Misschien zegt hij wel: 'Ik heb een ruzie opgelost bij mensen van wie de één zijn radio veel te hard had aanstaan,' of: 'Ik heb een groep boze voetbal-supporters naar de trein gebracht.'

Je ziet dat er bij de politie van alles te doen is. Alleen is het meestal heel anders dan op tv...

Stewardess/steward

Met een vliegtuig vol vrolijke vakantiegangers of interessante zakenmensen de hele wereld over reizen, dat doen stewardessen en stewards. Ze werken intussen natuurlijk wel, want het is een heel drukke baan. Je bent de gastvrouw of de gastheer van de vliegtuigmaatschappij en je moet voor de passagiers zorgen. Je ontvangt ze aan boord, wijst de plaatsen aan, geeft op tijd eten en drinken, stelt ze op hun gemak als dat nodig is, geeft antwoord op allerlei vragen. Je hebt aardige maar ook lastige klanten, dus je moet goed met mensen kunnen omgaan. En omdat je te maken krijgt met mensen uit allerlei landen, moet je zeker drie talen spreken: Engels, Frans en Duits of Spaans. Je hoeft er niet filmsterachtig uit te zien, maar wel goed verzorgd.

Er zijn niet het hele jaar evenveel stewardessen nodig, en daarom zijn er drie soorten. Eerst de stewardessen met een volle baan die meestal een contract hebben van drie jaar. En dan heb je de zomerstewardessen die in het vakantieseizoen de hele week beschikbaar moeten zijn om onmiddellijk te gaan werken als het druk wordt. En tot slot heb je de freelance stewardessen. Die hoeven maar een paar dagen in de week te werken, maar ze moeten binnen een uur nadat ze zijn opgebeld op het vliegveld zijn. Een stewardess met een volledige baan werkt eerst ongeveer anderhalf jaar op vluchten binnen Europa. De langste vlucht is dan drie tot vijf uur, naar Italië of Griekenland bijvoorbeeld. Daarna komt ze op de intercontinentale vluchten, dus naar andere werelddelen zoals Japan, Australië of Amerika.

Na jarenlang vliegen is het niet meer zo spannend om naar Addis Abbeba te gaan, of naar Rio de Janeiro. Wel is het vermoeiend om steeds rekening te houden met het tijdverschil, de klimaatwisselingen en de onregelmatige werktijden. Daarom houdt een stewardess er meestal na haar 35ste mee op. Maar ze heeft dan zoveel ervaring opgedaan, zoveel landen gezien en mensen ontmoet, zoveel talen gesproken, dat ze makkelijk een andere baan zal vinden.

Verpleegkundige

Voor zieke mensen zorgen en met een mooi wit pak aan meehelpen om te zorgen dat ze weer beter worden. Dokter worden lijkt je ook wel wat, maar verpleegkundige, dát zou net iets voor jou zijn.

Verpleegkundigen in ziekenhuizen zorgen voor patiënten die meestal in bed moeten blijven. Doktoren hebben het erg druk en die laten veel over aan verpleegkundigen. Tijdens hun opleiding moeten zij dan ook veel leren over het menselijk lichaam: hoe zit dat precies in elkaar, wat voor ziektes zijn er, wat kun je ertegen doen. Je begrijpt dat zieken verzorgen heel verantwoordelijk werk is en dat je precies moet zijn. Wat voor medicijnen moet de patiënt hebben en hoeveel? Wat mag de patiënt eten en wat niet? Mag hij wel rechtop zitten en mag hij zijn bed uit of moet hij doodstil blijven liggen? De verpleegkundige moet dat allemaal weten en erop letten dat alles goed gaat. De meeste patiënten zijn aardig, maar je hebt er ook die lastig en vervelend kunnen zijn. En dan moet je toch vriendelijk en geduldig blijven.

De werktijden zijn nogal onregelmatig. 's Nachts, 's ochtends vroeg, 's avonds en ook op zondag en met Kerstmis en Pasen zijn er zieke mensen die je nodig hebben!

Niet iedereen wordt door je goede zorgen weer beter. Er gaan ook mensen dood en daar moet je tegen kunnen. Moeilijke dingen, waar ook heel veel leuke dingen tegenover staan. Elke week zie je mensen beter worden en weer naar huis gaan. Patiënten die jou aardig vonden omdat je zo goed voor hen zorgde. En je ziet ook dat dokters tevreden zijn omdat ze zoveel aan je kunnen overlaten.

In plaats van verpleegkundige in een ziekenhuis kun je ook ziekenverzorger worden, bijvoorbeeld in een bejaardentehuis of bij de gezinsverzorging. Dan zorg je ervoor dat een huishouden doordraait als de moeder weg of ziek is. Of je wordt wijkverpleegkundige, of gaat in de kraamverzorging, de kinder- of jeugdverzorging. Je werkt dan vooral in kindertehuizen en in kinderdagverblijven.

Voetballer

Dat is pas een beroep! De hele dag voetballen en daarmee schatrijk en beroemd worden! Eerst hier natuurlijk en daarna in een mooi ver land zoals Italië of Spanje.

Wij hebben in Nederland een kleine veertig clubs met beroepsvoetballers verdeeld over de eerste en de tweede divisie. En als je ervan uitgaat dat elke club ongeveer 20 spelers en reservespelers voor zijn eerste elftal heeft, dan kom je op ongeveer achthonderd beroepsvoetballers in Nederland. In België zijn er ongeveer evenveel.

Hoe kom je bij zo'n club? Als je graag voetbalt, word je natuurlijk lid van een voetbalclub bij jou in de buurt en begin je in een juniorenelftal. Door heel goed te spelen werk je je langzaam omhoog naar het eerste elftal. De meeste clubs doen aan 'eigen kweek'. Go Ahead Eagles uit Deventer was de eerste club in Nederland die een speciale school oprichtte voor jongens die erg goed voetballen. Ze wonen, slapen en eten er en krijgen lessen, net als op een gewone school. En daarnaast wordt er heel veel gevoetbald, elk vrij ogenblik. Maar er is nóg een mogelijkheid. Dat is de 'scout'.

In je juniorenelftal ben je een uitblinker. Iedereen die komt kijken zegt: 'Die kan er wat van!' Dat zeggen niet alleen de vaders en moeders en de ooms en tantes die langs de lijn staan, maar dat zegt ook de scout. Dat is een man die zijn beroep maakt van het ontdekken van jonge voetballers. Hij reist overal rond, schrijft rapporten en als hij een talentvol voetballertje ziet, gaat hij met de ouders praten. En ook met de club waarvoor hij werkt of met de club die spelers nodig heeft. Een rijke club kan natuurlijk voor veel geld grote spelers kopen. Maar het is goedkoper om goede jeugdspelers te ontdekken en die op te leiden. Er zijn op die manier al heel wat jongens profvoetballer geworden.

Zo, en nu maar elke middag trainen, dribbelen en passings en slidings maken en zo. Misschien staat er tijdens een wedstrijd wel een scout langs de kant. Als die vindt dat je talent hebt, is er een kans dat je ooit beroepsvoetballer kunt worden.

Zanger/-es

Je hebt zo leuk gezongen of gerapt in de schoolmusical. Mensen zeiden: 'Die kan er wat van!' De zaal gaf je een daverend applaus. Waarom zou je geen zanger of zangeres worden? Met een instrument moet je heel jong beginnen en elke dag studeren. Maar zingen kan iedereen.

Zo zit het niet helemaal. Er zijn natuurlijk wel jongens of meisjes die bij een popgroep gaan zingen en cd's maken, maar dat gebeurt niet zo vaak. Voor zanger studeer je aan een conservatorium, dat duurt minimaal vier jaar. Er zijn twee richtingen: lichte muziek is voor jazz-, pop- en rockzangers en de klassieke afdeling is voor concert- en operazangers.

Na je studie moet je weer kiezen. Je wordt solist of gaat zingen in een koor, dan treed je op voor publiek, soms ga je in een studio zingen voor cd-opnamen. Of je kunt zangles gaan geven. Maar het komt er altijd op neer dat je een goede stem moet hebben waarmee je iets wilt doen. En daar komt méér bij kijken dan je eerst dacht.

Je keel is een instrument dat je goed moet leren gebruiken, net als een viool. Je begint met stemvorming. Elk kind dat wil gaan zingen heeft een groot voorbeeld. Zingen als Christina Aguilera of Justin Timberlake. Op een conservatorium leer je zingen als jezelf, met jouw specifieke stem.

Op welke manier kun je nu je stem vormen? Je kunt iedere dag een lied zingen onder de douche, maar je zou bijvoorbeeld ook les kunnen nemen op een muziekschool. Of je gaat zingen in een kinderkoor. En dan nog iets. Bij jongens van een jaar of twaalf verandert de stem van hoog en licht in zwaarder en lager. De stem breekt, heet dat. Als je zingt ga je akelig piepen en krassen en als je in die tijd te veel zingt kan dat voor de rest van je leven invloed hebben op je stem.

Wil je pop- of operazanger worden, vraag je ouders of muziekleraar dan om raad en ga eens naar de open dag van een conservatorium. En als je gaat studeren dan zul je merken dat je stem net zo'n mooi en moeilijk instrument is als een viool of een harp.

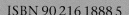
ONTDEK DE WERELD !

MET PLOEGSMA ℹ

Beroepen

Wat wil je later worden? Voetballer of een beroemd fotomodel? Als stewardess kom je in verre oorden en als politieagent zorg je voor de veiligheid op straat. Welk beroep past het best bij jou? Dit boek geeft veel informatie over de leukste beroepen en helpt je kiezen.

ISBN 90 216 1888 5

Dierentuin

Wat is apendeeg? Waarom zijn flamingo's roze? Hoeveel poept een olifant? Op die vragen geven de bordjes in de dierentuin geen antwoord. Net die interessante dingen die jij wilt weten! Ga mee 'op ronde' met de verzorger, leer hoe je wilde dieren vertroetelt en wat er nog meer bij komt kijken in de dierentuin.

ISBN 90 216 1898 2

Koken

In dit smulboek vind je recepten voor lekker eten, zoals pizza's, roerei of milkshake en voor gekke – maar lekkere! – hapjes, zoals erwtjes van de prinses en tropische trifle. Enne, volwassenen heb je natuurlijk niet nodig bij het klaarmaken van al dat lekkers!

ISBN 90 216 1868 0

Tuinieren in de lente

Het is lente en je hebt zin om je eigen tuin aan te leggen. Hoe maak je een zaaibakje? Welke kleuren bloemen wil je? Aan een klein stukje grond, het balkon of een bak binnen kun je een hoop plezier beleven. Dit boek laat je zien hoe. Waar je begint, hoe je de plantjes verzorgt en welke bloemen vlinders lokken. Kweek je liever groente? Ook daarvoor vind je handige tips.

ISBN 90 216 1878 8